I0409612

Initiation à l'Hypnose Urbaine

La vision HnO de l'Hypnose de Rue

Christophe Pank

Copyright © 2013 Par Pank

ISBN #: 978-1500824174

« La rue nous enseigne l'Humilité »

Sommaire

Qu'est-ce-que l'Hypnose Urbaine (HU) ?

L'Hypnose Urbaine ou **Street Hypnose** est une facette de l'hypnose qui s'est développée et qui est à mi-chemin entre Hypnose de scène, Close-up de magie et Pick-Upping (Techniques de Drague).

Les buts de cette démarche peuvent être divers en fonction de ses pratiquants : faire découvrir l'hypnose, divertir, voire même provoquer des réactions.

C'est une **Hypnose sociale**, elle est un vecteur de rencontres et d'interactions entre de nombreuses personnes qui ne se connaissent pas.

L'Hypnose est avant tout une discipline qui a des vertus thérapeutiques. Elle permet de travailler sur des pathologies diverses comme l'anxiété, les troubles du comportement et les addictions. Cette discipline est également pratiquée pour des anesthésies lors d'opérations cliniques.

La première spécificité de l'Hypnose Urbaine est le lieu de mise en scène : La rue, les bars, les pubs, les soirées. Tous les terrains sont arpentés dans cette dynamique nouvelle.

A l'inverse d'un praticien d'Hypnose Thérapeutique, le 'HUrbainer' (Pratiquant d'Hypnose Urbaine) ne reçoit pas des clients.

Quand nous attendons dans notre cabinet, le client vient avec une attente spécifique. Il s'est informé sur le thérapeute et ses compétences.

Il a certainement fait des recherches concernant l'Hypnose et ses actions positives.

Le praticien est donc dans une position ' confortable'. Dans SON cabinet, à un horaire qui LUI convient. Pour un maximum de réussite et de confort de sa séance, tout est mis en place pour créer une atmosphère saine, positive et agréable pour le patient.

Dans la rue, dans un parc, quand un HUrbainer va au contact d'un groupe d'inconnus en pleine discussion, la situation est tout autre, la relation et surtout le rapport sont très différents.

L'Hypnotist de scène aussi met en place tout ce qu'il faut pour pouvoir faire son show : La musique, les lumières, tout est organisé pour faire entrer en transe n'importe qui ouvert à ce jeu.

Dans le monde urbain et dans l'esprit populaire, parler d'hypnose, en plus lorsque nous ne sommes que des inconnus, c'est un peu comme faire un braquage cérébral.

Nous mettons nos interlocuteurs dans un état de choc.
La réaction la plus classique est un langage corporel du genre : Je me recule, j'arrête de le regarder dans les yeux, à la limite je ne l'entends plus et je ferme tout mon corps.
Si vous avez acheté ce livre peut être que pour vous l'hypnose est une vieille amie.

Par contre pour la plupart des personnes que nous croisons, cette discipline est faite pour 'entrer dans la tête des gens, pour leur faire faire ce que bon nous semble'.

Vous devenez rapidement la personne la plus dangereuse dans l'entourage immédiat, même si vos interlocuteurs n'y croient pas le moins du monde.

L'Hypnose Urbaine est donc très spécifique, c'est un cadre complètement différent, des réactions imprévisibles et un monde des possibles.

Chez Hype-N-Ose, nous avons une vision bien spécifique de la discipline, cet ouvrage a pour but de vous faire découvrir notre philosophie, notre approche.

Qui sommes-nous ?

Hype-N-Ose (HnO) est une association de professionnels en Thérapies Brèves et Comportementales.

Notre métier est d'utiliser au quotidien les superbes outils que sont l'Hypnose, la PNL, la Gestalt et les thérapies brèves.

Notre objectif est également de promouvoir ces disciplines au travers de formations, de conférences, de cabinets ouverts, d'ouvrages, de sites, d'audios et de vidéos.

Nous mettons en place des sorties en Hypnose Urbaine toutes les semaines dans la Capitale.

Nous sommes les premiers à proposer une formation de Street Hypnose.

Nous souhaitons réellement proposer une éthique dans notre démarche.

Nous sommes avant tout des praticiens et le respect de l'écologie des partenaires qui acceptent d'échanger avec nous est primordial.

Depuis deux ans, nous avons fait de très nombreuses sessions en HU, nous avons évolué et changé nos approches.

Notre philosophie est simple : **proposer une autre image du monde de l'Hypnose.**

Nous utilisons l'HU dans cet unique objectif, discuter, échanger et même proposer de vivre une expérience hypnotique.

L'Importance de la Bienveillance dans l'Hypnose Urbaine

Pour tous les pratiquants d'hypnose, lorsque nous découvrons cette discipline, nous avons une part de 'super pouvoir' qui se réveille. Nous sommes un peu les 'Arthur déterrant l'Excalibur'.

Cette sensation est d'autant plus importante lorsque nous apprenons les inductions dites 'rapides' ou 'instants'. J'ai été le premier dans le cas, lorsque je suis sorti de mon stage chez **Raymi Phenix**. Je souhaitais voir si mes inductions pouvaient fonctionner sur tout le monde.

Je trouve cette phase extraordinaire, nous ne sommes que des enfants. Nous demandons à tous nos amis de tester sur eux. La belle réalité est que nos partenaires en résistance nous remettent rapidement les pieds sur terre. Merci mille fois à eux.

Notre pire ennemi dans l'Hypnose Urbaine, c'est l'**ego**. Je suis un pratiquant d'arts martiaux depuis plus de 20 ans et ce qu'il y a de merveilleux dans ces disciplines de combats, c'est que si notre ego se réveille de trop, on trouvera toujours quelqu'un pour nous casser les dents.

L'apprentissage martial qui est de forger sa lame pour trancher l'excès d'ego est d'une importance capitale en Hypnose.

Dans nos rencontres dans la rue, nous devons être dans l'optique de l'opérateur qui permet la découverte de l'hypnose et surtout pas dans celle de celui qui va hypnotiser.

Nous **respectons le rythme, le désir et la résistance** de chacun. Nous ne sommes **en aucun cas là pour prouver** que l'Hypnose fonctionne coûte que coûte.

De nombreux HUrbainers néophytes reprennent les principes de l'Hypnose de scène. Ces principes fonctionnent particulièrement bien depuis des décennies ainsi que le discours qui va avec.

Il faut montrer que l'Hypnotist est celui qui a le plein pouvoir, qu'il dégage un pouvoir particulier, une force. Je suis allé voir un grand Hypnotist Québécois qui joue de cette 'aura' de force et de mystère avec brio.

Cette façon de faire met le pratiquant dans une position haute, c'est-à-dire une position dominante sur son partenaire.

A mes yeux, cette démarche dans la rue n'est pas l'approche appropriée. Je ne dis pas qu'elle ne fonctionne pas, loin de là, j'ai rencontré des pratiquants qui avaient d'excellents résultats en utilisant leur 'super pouvoir'.

J'estime que ce n'est pas respectueux vis-à-vis du 'découvreur'. L'Hypnotist est d'avantage dans **la démonstration de ses pouvoirs** que dans le don d'un moment de bonheur et de découverte.

Il devient le maître absolu et apprécie cette aura de 'toute puissance' sur un partenaire qui deviendra, en ce cas, un sujet dans le sens inférieur du terme.

C'est ce qu'on appel faire son 'show', son spectacle, pour épater les autres autour et surtout flatter son ego.

Cet état d'esprit, qui est compréhensible, porte préjudice à l'Hypnose Urbaine. Mes amis du Thérapeutique me disent qu'ils trouvent que beaucoup de pratiquants n'ont aucune éthique.

Je peux les comprendre et je leur explique qu'ils débutent pour la plupart ou qu'ils prennent des références peu respectueuses de l'écologie.

La **bienveillance est un principe fondateur** de l'Hypnose Urbaine. Nous devons nous mettre au service de son découvreur.

On parle souvent en thérapie de position basse, particulièrement dans le courant Ericksonnien. Je ne suis pas d'accord avec cette posture, dans le sens ou certains clients/patients viennent dans une dynamique d'être 'secoués'.

Par contre, dans le cadre urbain, c'est nous qui allons vers des étrangers qui n'ont absolument rien demandé.

Nous proposons une 'initiation', ce sont eux qui nous font le cadeau d'accepter et de se prêter au jeu.

Cette **confiance qu'ils nous offrent n'a pas de prix**. C'est **énorme**. Quand une personne accepte de jouer avec moi, je me dis que j'ai une grande chance, qu'en quelques minutes, elle accepte que je sois le guide de SON voyage.

La bienveillance est donc notre fer de lance chez HnO.

Nous aimons, lors de nos sorties, prendre du temps pour échanger, créer un rapport de confiance et de sincérité.

Il m'est souvent arrivé quand je sortais seul, de constater que je ne mettais personne en Transe, mais que j'ai fait changer à certains leur regard sur l'Hypnose, que j'ai ouvert des brèches à des croyances, et que simplement j'ai passé un super moment à découvrir de nouvelles personnes.

L'Hypnose Urbaine est une Hypnose sociale pleine de bienveillance et d'écoute.

Le Code Moral en Hypnose Urbaine

Nous sommes **responsables** de ce que nous proposons. Chacun apporte **une partie de ce qu'il est** dans ce système.

Je ne fais pas du tout le même type de session urbaine que Xteen, Irn, ou Fast Jim. **Chacun a sa patte**, sa sensibilité, sa manière d'entraîner son partenaire dans sa transe.

Plus nous pratiquons et plus nous apprécions des chemins très différents pour nos découvreurs.

Il y a tout de même des valeurs communes à tout le groupe HnO :

– Bienveillance vis à vis du découvreur.

– Toujours aller vers ce qu'il souhaite découvrir.

– Ne rien faire sans son accord.

– Apporter de la détente et de la relaxation.

– Faire passer un moment agréable au découvreur.

– Ne jamais se laisser prendre au jeu de la flatterie et de l'ego.

– Oublier l'entourage et se centrer seulement sur le partenaire.

Nous nous efforçons de pratiquer dans cette optique, pour vraiment offrir un moment unique et mémorable à ceux qui nous ont fait le cadeau de passer un moment avec nous.

L'approche

En Hypnose Urbaine il est nécessaire que nous puissions prendre contact avec un maximum de personnes. Il y a de nombreuses façons de faire. Nous pouvons partir **avec un panneau** pour proposer une session d'Hypnose.

Nous avions fait ça à notre tout début. J'ai en plus la chance d'être entouré **de femmes magnifiques et charmantes** ce qui était un bel élément de motivation.

Sur notre premier panneau était noté : **'Free Hug Hypnosis'**. Nous avons fait plus de Hugs que d'Hypnose.

Nous manquions d'expérience et la dynamique passive peut aussi avoir un aspect contre productif.

Nous avons fait les sorties avec des Tee-shirts de l'Association et avec le panneau jusqu'à un jour de rencontre avec ... la sécurité.

S'il y a une chose que j'ai découverte grâce à l'HU, c'est que **nous ne sommes pas aussi libre** que je pouvais le croire.

Tous les lieux comme les galeries marchandes, les centres commerciaux et autres musées interdisent complètement ce genre de 'manifestation'.

Le plus marquant a été au Louvre, au moment de prendre une photo souvenir sous la pyramide avec la pancarte, nous avons eu le droit à de gros vigiles qui nous ont sauté dessus.

A croire que nous allions préparer **un attentat hypnotique.** Nous avons été prestement reconduits dehors.

Même les parcs de la Capitale n'acceptent pas ce type de panneau. Il faut **faire une demande** à la mairie, cette information nous vient d'un des gardiens de parcs.

Nous avons donc laissé de côté les pancartes et nous nous sommes mis à la prise de **contact directe.**

C'est une démarche qui est parfois difficile. Nous ne sommes pas tous à l'aise dans cette façon de faire.

Je n'aime pas particulièrement aller vers les autres. Comme la plupart des timides, je me construis une croyance limitante comme quoi nous dérangeons.

J'ai la chance d'avoir été dans un business de contacts, en tant que consultant et ingénieur d'affaires, ce qui m'a permis de prendre ce type d'entrée en matière **comme un jeu.**

Je comprends bien que beaucoup de pratiquants en Hypnose ne partiront jamais dans le cadre urbain, pour ce seul frein.

D'ailleurs, je pense que c'est pour cette raison que de nombreuses personnes très intéressées et compétentes ne parviennent pas à prendre plaisir dans ce contexte.

Aujourd'hui, j'aborde de façon très simple, en employant des concepts communs en Programmation Neuro Linguistique (PNL) et repris par les Pick Up Artist (PUA).

- Bonjour, Vous avez deux Secondes : **Notion courte de temps + Phrase dans l'Affirmative. Si vous avez une réponse affirmative vous avez le premier 'Oui' de votre Yes Set**

- Çà va ? : **On répond en général instinctivement 'Oui', vous avez alors votre second 'Oui'**

- Vous avez déjà entendu parler d'Hypnose : **Tout le monde a déjà entendu parler d'Hypnose donc troisième 'Oui'.**

- Je peux m'asseoir un instant / Vous en parler ? : **Phrase en mode affirmatif après un Yes Set donc très forte chance que la personne accepte.**

Vous arrivez facilement à intégrer un groupe avec cette méthode.

Prenez attention à plusieurs points importants :

- Si vous êtes un Homme, tout seul, n'allez pas aborder une femme seule pour faire du HU, vous risquez de lui faire très peur.

- Si vous êtes en Groupe de deux, abordez des groupes au minimum de 2 personnes.

- Si vous êtes plus de deux, faites en sorte de ne pas dépasser un groupe de 4, après c'est trop difficile à gérer, excepté si c'est un gros groupe.

- Ne coupez pas un groupe dans une grande conversation.

- Approchez-vous des groupes qui parlent en jouant avec leurs portables, regardant dans toutes les directions.

- Approchez-vous toujours d'un groupe par devant, jamais par derrière.

Plus vous prendrez l'habitude, plus vous sentirez les groupes qui sont ouverts à un dialogue, une discussion.
Là encore, ne vous imposez jamais, proposez-vous.

Le Pretalk

C'est **la partie la plus importante** de la l'Hypnose Urbaine. Nous avons passé des semaines entières à travailler ce thème.

Si nous ne sommes pas capables de donner des explications sur notre discipline ou de répondre aux objections des néophytes, comment dire que nous maîtrisons notre art ?

Je conseille à **toute personne qui travaille en cabinet** de faire au moins une fois cette expérience dans la rue. Vous verrez que ce n'est pas comme expliquer l'hypnose à des amis, ou à la famille.

Ce n'est pas non plus faire le même pretalk que celui fait à un patient. Nous sommes dans un contexte très différent, nous pouvons avoir toutes les croyances possibles, tous les freins.

Le pretalk en HU doit en quelques minutes **désamorcer** un nombre impressionnant d'images et d'idées préconçues.

En groupe, nous devons être capable d'isoler les arguments des **'leaders négatifs'**.

Il est possible que nous convainquions une partie du groupe, mais que le leader, le mâle alpha, fasse tout changer en un instant.

Nous sommes un inconnu qui s'immisce dans un groupe avec ses codes, **nous devons devenir le leader du pretalk,** pour donner **des éléments clefs** que personne ne pourra contredire.

Voici un pretalk que j'aime mettre en place.

– 'Je fais partie de l'Association HnO, **quelle image avez-vous de l'Hypnose ?'**

Vous êtes certains que vous allez avoir une réaction, toutes les personnes ont une idée de ce que l'hypnose représente.

Depuis quelques mois il y a **un professionnel de la scène** qui tourne beaucoup sur les plateaux de télévision.

Avec son arrivée dans les médias je me suis aperçu que **l'image de l'hypnose s'est encore dégradée.** Depuis presque un an, je trouvais que la population avait une idée plutôt neutre, voire positive de notre discipline... et puis la puissance et l'impact de la télévision ont fait leur travail.

Les échos sont depuis liés à ce qu'ils ont vu dans des émissions. Certains me disent carrément que si l'hypnose 'réelle" c'est ça, **jamais ils ne souhaiteront tester.**

Il y a quelques points qu'il est important de mettre en avant. N'oubliez pas que **vous devez rassurer vos partenaires.**

Je sais que le fait de se montrer plein de 'Force Hypnotique' va construire une attente et une modification de la perception de la part des découvreurs, mais je n'aime pas cette façon de faire.

- **En Hypnose on ne dort jamais.** Beaucoup aime jouer avec l'ambiguïté des yeux fermés et des ouvrages qui définissent les transes comme un sommeil hypnotique. Pour ce faire je reprends des situations communes dans lesquelles nous sommes en Transe.

La fameuse **transe d'autoroute** pendant laquelle nous ne prenons plus attentions à la route qui défile et qui n'empêche nullement d'arriver à destination.

- En Hypnose, **nous sommes toujours conscients,** c'est un état qui permet de s'ouvrir à son subconscient. C'est un dialogue qui se met en place. C'est grâce à ce dialogue que nous parvenons à faire des choses extraordinaires.

Avoir une mémoire incroyable, une force phénoménale, une capacité de perception accrue.

- En Hypnose, **vous pouvez arrêter quand vous le souhaitez**. C'est important de savoir que nous sommes libres de stopper ce qui se passe. Ce point là est possible si l'opérateur ne se fait pas passer pour un 'Tout puissant'. Le découvreur se permettra dès lors de s'exprimer librement.

- Ce qui se passe en Spectacle ou à la Télévision n'est qu'un **aspect de la discipline**. Les personnes qui montent sur scène sont dans des conditions adéquates pour faire une belle démonstration.

Un de mes professeurs m'expliquait qu'il mettait en transe, avant le live, les animateurs qui joueront le jeu pendant l'émission de télévision. Il est de cette façon certain que sa prestation sera de qualité.

- L'Hypnose est **utilisée dans le cadre médical,** pour les anesthésies d'opérations lourdes.

- L'Hypnose ne permet pas de faire faire n'importe quoi aux gens, les découvreurs acceptent de vivre ce qui est proposé.

- Si vous ne souhaitez pas vous faire hypnotiser, nous ne pouvons pas vous l'imposer.

Le pretalk permet de réellement **désamorcer cette bombe intellectuelle.**

J'ai souvent constaté que si notre pretalk était de piètre qualité, nos sessions après sont moins agréables et surtout ne permettent pas de faire vivre de nombreux phénomènes hypnotiques à nos découvreurs.

Cette étape nous permet également de proposer des suggestions. Comme nous décrivons ce qui se passe dans une transe, nous mimons, nous faisons des onomatopées, ce qui est une 'pré suggestion' dans l'esprit des personnes qui nous écoutent.

Ormond McGill, expliquait que cette phase là était déjà une mise en transe.

D'ailleurs les plus Ericksonniens d'entre nous, les fans du conversationnel savent mettre des commandes insérées, construire des métaphores.

Pour ma part, je fais **saturer mes interlocuteurs,** ce qui fait qu'avant même de commencer les prétests, ils sont clairement dans une transe légère.

Comme je vous l'exprimais, **nous avons tous notre manière de faire.**

FastJim pendant un moment avait comme démarche de ne pas faire de pretalk, parce qu'il me disait qu'il voulait voir **le pouvoir de l'hypnose** lorsqu'on ne donne pas de 'pré suggestion' dessus.

J'ai beaucoup aimé cette étape de compréhension de Jim. En effet nous en avons parlé quelques mois plus tard et il m'a avoué que c'était **son ego de 'plein pouvoir'** qui parlait.

Peut être que si vous pratiquez l'Hypnose Urbaine actuellement, vous ne comprenez pas en quoi cela représente **une expression de l'ego.**

Si vous souhaitez constater le pouvoir que VOUS pouvez avoir sur les découvreurs sans leur en parler, c'est que vous estimez que c'est **VOUS qui lui construisez sa transe.**

L'expérience et les heures de pratique sur le terrain et en cabinet m'ont fait comprendre que **la Transe n'appartient qu'à celui qui la vit.**

Si vous pensez que c'est VOUS qui lui induisez une hallucination par exemple, vous devriez donc être capable de le faire n'importe où et sur n'importe qui...ce qui n'est pas le cas.

Les situations, les moments, les conditions influencent la qualité de la session et les retours qui vont être obtenus.

Les Transes et les Phénomènes Hypnotiques n'appartiennent pas à l'HUrbainer, mais au **découvreur**.

Jim est un gars très **intelligent** et **attentif aux autres**, et c'est parce qu'il a beaucoup pratiqué que désormais il travaille énormément sur le pretalk.

Dans cette démarche nous pouvons aller très loin surtout si nous construisons **un bon rapport** avec nos interlocuteurs.

Vous connaissez la notion de Mirroring/ Pace/ Lead ?

C'est un concept repris de la PNL, nous pouvons construire des rapports humains plus 'productifs' et positifs avec quelques principes simples :

- le **Mirroring** c'est-à-dire la **synchronisation** de nos gestes, de notre timbre de voix, de nos mots avec notre interlocuteur.

C'est le principe de **'qui se ressemble s'assemble'**.

Une personne que vous avez l'impression de connaître depuis des années, alors qu'il y a environ un quart d'heure que vous la côtoyez, c'est étrange.

Et pourtant, c'est ce que nous faisons tous **instinctivement** quand nous souhaitons plaire ou nous faire aimer.

Nous cherchons les points communs, parce que dès que nous sommes connectés à des choses qui nous ressemblent nous entrons en résonance.

Je suis d'ailleurs toujours curieux de savoir d'où viennent les gens. En effet en fonction de leurs villes ou de leur pays d'origine on peut très facilement construire des liens.

J'étais très impressionné de ça quand adolescent, je me battais assez fréquemment et souvent j'ai réussi à calmer des situations simplement en disant **d'où je 'venais'**.

Là il y avait souvent des gars qui y vivaient ou un ami qui y venait donc nous avions **des points communs**, par conséquent, plus de raison de se battre. C'est surprenant mais naturel à l'être humain.

- Le **pace** pourrait être représenté par la danse au même rythme. Vous avez pris le rythme de votre partenaire et vous apprenez ses pas, sa manière de faire. L'expression de ce qu'il est.

–Le **Lead**, vous reprenez la direction des opérations, des conversations, des présentations, des propositions. Vous devenez **le 'patron' de l'interaction**. Bien sur nous ne devons pas leader constamment, nous devons régulièrement nous retrouver en 'pace', pour **récupérer le rythme** juste de notre partenaire.

Tout est possible avec l'harmonie, il ne faut pas que l'ego intervienne dans notre 'lead,' parce que nous ne dirigerions plus la situation, mais nous nous ferions mener par nos émotions.

Une fois que vous maîtrisez ces aspects, que vous êtes en plus capable de découvrir **les canaux de communication** de vos contacts, vous pouvez facilement induire des transes hypnotiques, dans la conversation du pretalk.

Gardez bien en tête que l'on ne dort pas en hypnose, ce qui signifie que nous pouvons faire vivre ce phénomène pendant des phases actives, les yeux ouverts au milieu de la population, dans un échange.

Le Prétalk est également le moment pendant lequel nous expliquons que nous allons filmer la session.

Films

Le principe du film a été mis en place dans notre démarche HnO Hypnose Urbaine pour initialement nous corriger.

C'est devenu une habitude qui aujourd'hui est indispensable.

L'Hypnose fait peur en tout cas même aux plus ouverts, filmer devient **un moyen de leur 'prouver'** que nous ne sommes pas en train de suggérer des choses négatives.

En plus beaucoup aiment regarder leurs sessions. C'est une belle façon de diffuser de la joie et du sourire.

Les Prétests

S'il y a une partie que je trouve géniale, ce sont les prétests.

En effet, nous avons beau faire tout ce qu'il y a de plus sophistiqué et même faire vivre des phénomènes incroyables, la plupart des personnes, avec qui j'ai eu la chance de travailler des transes, étaient **stupéfaites des Prétests.**

C'est un merveilleux apprentissage pour nous les HUrbainers.

Nous comprenons que les petites choses en hypnose sont celles qui apportent **le plus de plaisir** pour beaucoup.

Dans de nombreux courants de l'Hypnose Urbaine, cette étape permet simplement de savoir si **la personne pourra vivre une mise en transe** qui pourra apporter des 'effets' spectaculaires.

J'ai vu de nombreux Hypnotists de rue, **ne pas choisir** les découvreurs dont les tests ne fonctionnent pas.

C'est vraiment **dommage**, ce n'est pas parce qu'il n'y aura pas de phénomènes hypnotiques que la transe hypnotique n'aura pas lieu.

Je pense que c'est un **manque d'expérience** et là encore une manifestation de l'ego. Il est certain que des personnes peu réceptives aux tests vont très certainement ne rien faire d'impressionnant.

Hors, si notre idée est de faire de l'Hypnose 'visuelle', c'est-à-dire **centrée sur ce que l'HUrbainer** propose, ces types de découvreurs n'apporteront pas satisfaction.

Si par contre nous acceptons que la personne ne soit pas rassurée, qu'elle soit en résistance, nous pouvons simplement lui faire **une détente et relaxation**.

Les prétests sont **des tests de suggestibilité** du découvreur vis-à-vis de son opérateur.

La situation joue énormément. Si nous sommes avec un groupe et qu'une personne accepte de se faire tester, en fonction de notre pretalk, les tests peuvent ne pas fonctionner le moins du monde.

Il y a de nombreuses raisons :

- La première personne d'un groupe est toujours **la plus difficile** à mettre en transe.

- La première personne qui accepte est souvent dans **un mode de challenge** pour montrer que 'lui' on ne lui fait pas faire n'importe quoi. Si c'est le cas, c'est notre pretalk qui aura été médiocre.

- **L'influence des amis joue** énormément, parfois les réactions vont faire que le découvreur se retienne.

- Le contexte de temps peut aussi perturber, si les personnes sont en pause, avant un rendez-vous ou autre.

Le prétest permet une **transition agréable** à notre pretalk.

En effet, proposer une mise en hypnose reste encore assez apeurant pour de nombreuses personnes.

En revanche, leur exprimer l'idée que nous pouvons leur montrer **la force de leur subconscient** au travers d'un jeu change tout.

Prenez soin de bien expliquer qu'**il n'y a pas de réussite ou d'échec dans le prétest,** cet exercice permet simplement de découvrir dans quelle condition est le découvreur pour cette découverte.

La transe ne nous appartient pas, gardez cela en tête. Nous sommes là pour optimiser la mise en transe, mais cela n'entraîne pas nécessairement le retour escompté.

Nous allons revoir quelques tests très simples.

Il y a beaucoup d'hypnotists qui commencent leurs **tests par les doigts aimantés**.

Je ne l'utilise jamais, parce que pour moi, ce n'est pas l'imagination qui joue mais un **phénomène physiologique** qui attirera les deux doigts.

Ormond Mc Gill présente un exercice que je trouve parfait pour **le lâcher prise.**

- Tendez votre pouce
- Posez la main dessus.
- Lâchez toutes les tensions du bras et de la main
- Faites glisser le pouce sur l'extérieur, au moment où le pouce ne soutient plus la main, le bras doit tomber.

Vous verrez que pour 80% d'entre nous, nous sommes **incapables de le faire la première fois**.

Faites faire cela à vos découvreurs pour le lâcher prise. En plus, ça les fait entrer dans un dialogue interne donc une brèche avec le subconscient.

Le seau et le ballon :

Demander au partenaire de tendre ses bras devant lui.
Lui faire retourner une des paumes vers le haut, l'autre vers le bas.

Lui proposer d'imaginer qu'il tient un seau vide dans une main, et dans l'autre lui faire imaginer un ballon d'hélium.

Vous allez lui faire remplir petit à petit le seau et **imaginer la lourdeur**.

Vous pouvez utiliser de nombreux adjectifs connotant le poids. Même votre voix peut être plus pesante quand vous parlez.

De l'autre côté, faites lui imaginer de plus en plus de ballons ou un ballon qui devient de plus en plus volumineux jusqu'à devenir une **montgolfière**.

Prenez votre temps, le tout c'est de faire ce premier test de façon ludique et détendue.

Vous pouvez passer, après ce premier test, aux **mains magnétiques**. Le principe est aussi simple que pour le seau et le ballon.

Vous faites imaginer que sur les mains il y a de gros aimants qui vont s'attirer.

Vous utiliserez le lexique d'attraction pour entraîner le subconscient à vous écouter.

Vous allez avoir différents types de réactions :

- **Les mains ne bougent ni d'un coté ni de l'autre** : Aucune importance, votre découvreur n'est peut être pas prêt à vivre sa transe avec vous.

– Une des deux mains réagit : c'est une bonne chose, c'est peut-être que la sémantique que vous avez utilisée pour l'autre main n'était pas celle qui était la plus adaptée.

– Les mains vont à l'inverse de ce que vous avez demandé. C'est une personne en résistance qui veut contrôler et qui paradoxalement laisse quand même son subconscient communiquer. Vous devrez régulièrement le challenger pendant votre session.

– Les mains ne bougent pas de façon flagrante, par contre il y a des micros mouvements qui sont rapidement remis sous contrôle par votre partenaire. N'hésitez pas à lui faire remarquer. Beaucoup peuvent avoir peur de ce phénomène et n'acceptent pas que leur corps réagisse à autre chose que leur volonté. C'est normal. Il faut continuer à rassurer au maximum.

Sachez que la plupart du temps avec un premier prétest, vous avez déjà **contourné le facteur critique,** particulièrement pour ceux dont les bras ont bougé.

Votre découvreur sera donc dans une transe légère. Profitez-en pour lui envoyer des **suggestions positives** et faire en sorte qu'il se sente au mieux.

Notez que vous pouvez rajouter un ensemble d'éléments dans vos prétests :

- **Les claquements de doigts** comme un signal auditif pour faire réagir le découvreur : ' A chaque fois que je claquerai des doigts tu seras....'

- **Toucher** différentes parties du corps pour saturer l'attention de votre partenaire.

- **Faire fermer les yeux** pour qu'il ne puisse se focaliser que sur ses sensations.

- **Faire fixer un point.** C'est important surtout s'il y a du monde qui tourne autour et n'arrête pas de lui parler.

- **Toucher entre les sourcils,** ceci provoque à la fois confusion, saturation et approfondissement.

Vous pouvez ensuite vous amuser **à mixer** les deux prétests avec un jeu de fil imaginaire.

Faites lui s'attirer les mains, puis se bloquer et lui dire que vous tirez sur un fil qui va lui faire monter sa main.

J'ai pas mal testé sur ma sémantique pour obtenir des résultats les plus libres possibles.

J'ai constaté que :

– Pour le premier test, vous n'avez pas besoin de dire quelle main va monter et laquelle va descendre. **Le subconscient va choisir** l'une des deux et entraînera le résultat demandé.

C'est d'autant plus intéressant lorsque la personne est en résistance, elle **ne peut plus faire de gestes antagonistes** sachant qu'elle a un faux choix.

– N'hésitez pas à parler pendant le test, poser des questions, rire et la faire s'exprimer.

La personne va **lâcher prise.** Sachant que beaucoup sont dans la découverte donc dans l'attente d'un résultat, parfois trop en attente justement, donc ils ne lâchent pas prise et veulent tout 'conscientiser'.

– **Ratifiez régulièrement** les micros mouvements et interrogez-la sur ses sensations, ses émotions etc, cela l'entraîne sur une focalisation interne qui ouvre son subconscient.

Je conseille de nouveau à tous les praticiens de cette discipline de venir voir ce qu'est **la relation dans la rue.**

Je pense qu'il n'y a pas de **meilleur professeur**. Quand nous faisons des cours en PNL ou en Hypnose Conversationnelle, nous comprenons tous le truc.

Nous croyons l'utiliser à bon escient dans notre cabinet, en pensant que l'impact de nos techniques est réel.

Nous sommes de toute bonne foi. Nous ne savons jamais si c'est notre technique qui a fonctionné ou le rapport praticien/client qui va impacter la séance.

Dans la rue, vous pouvez mettre en pratique les techniques et revenir dessus, les peaufiner, les améliorer, les adapter à votre style.

Les Inductions

Dans l'Hypnose Urbaine, avec HnO, nos sorties devaient initialement nous permettre de peaufiner notre apprentissage des Inductions rapides et instantanées.

Une induction est **l'outil qui permet de faire entrer un partenaire dans une transe**. Il est vrai que j'ai été le premier à vouloir réussir à faire 'tomber' en transe n'importe qui.

Les 'instants' restent dès lors les inductions les plus **appropriées.**

Toutes les inductions **relaxantes sont clairement à proscrire**.

La raison est simple, dans la rue nous n'avons pas le temps. Vous vous imaginez passer vingt minutes pour proposer une session.

En écrivant cela, je me souviens de FastJim (qui va me haïr avec ce livre), qui étant un praticien d'Hypnose Ericksonienne est venu avec nous en HU.

Je lui ai donné son surnom de **Fastjim** parce qu'il osait mettre son partenaire en transe en 10 minutes.

Ce n'est pas du tout le concept de la rue, qui se veut vivant. **Une session entière ne doit pas durer plus de 10 minutes.**

Nous ne sommes pas là pour une thérapie, nous ne sommes **pas là non plus pour un spectacle** mais plutôt pour la **découverte et l'accompagnement.**

Notre découvreur n'a pas besoin de connaître toutes les dimensions de l'hypnose pour se faire une opinion et même changer son point de vue sur la question.

Si nous mettons du temps pour induire la transe, nous pouvons **énerver** le groupe, nous pouvons également ennuyer le partenaire. Il risque en plus d'en conclure que c'est simplement une relaxation.

Une induction instantanée fonctionne sur le Principe de **l'interruption de pattern.**

Je vais vous copier ce que j'en expliquais dans le livre '**Je pouvais mais je n'avais pas envie'** :

Vous créez un schéma psychique d'un partenaire, par exemple les mouvements de secouer la main quand on donne une poignée de main.

Au bout de trois mouvements similaires, le cerveau estime que c'est **une habitude**.

Une habitude fait que le facteur critique ne fait plus son travail, il n'analyse plus.

A ce moment là on **rompt le schéma** « habitude » d'un coup. Ce qui a pour conséquence de laisser au cerveau un vide très court pendant lequel il cherche une solution.

Imaginez ce dialogue :

Cerveau : Ok on entre en contact avec mon ami, je tends la main.

Corps : Main tendue, secousses de la main en cours

Cerveau : Nickel, action en cours, connaissance de l'acte

Corps : Parfait

Cerveau : Parfait

Puis vient **l'interruption du schéma** avec un choc, par exemple en tirant le bras.

Cerveau : Warning ! Alerte ! Qu'est-ce qui se passe ???

Corps : **Votre correspondant est occupé, veuillez le rappeler ultérieurement.**

Cerveau : Damned !! Qu'est-ce que je fais ?

Voix extérieure : Dors !!

Cerveau : ok... réponse trouvée...

Corps : Etat similaire à dormir mis en route.

Vous faites entrer votre partenaire dans **un début de transe.** Il faut voir cela dans le terme d'une seconde.

Vous créez **un choc** du bras et donnez l'ordre au même moment.

Ce qui fait que la question du **cerveau a déjà une réponse.**

Nous mettons donc tout en œuvre pour que le découvreur ne puisse pas gérer avec sa critique ce qui se passe.

Même des personnes en résistance à ce moment là vont avoir un instant de trouble. Sachez que la transe pourra très bien **se faire les yeux ouverts.**

Nous avons passé des heures à faire des inductions diverses puis j'en suis arrivé à la conclusion qu'en **Hypnose Urbaine, les inductions** en tant que tel, comme en cabinet, **ne sont pas nécessaires.**

J'avoue l'avoir compris, comme tout le monde, en cours pendant mes formations. Là, avec le temps c**e n'était plus une notion intellectuelle** proposée par un ouvrage ou un professeur.

C'est devenu une réalité et même **sans induction**, mes sessions urbaines ont eu **des résultats excellents** et mes découvreurs repartaient avec un grand sourire.

Je vous l'ai fait remarqué précédemment, **le prétest contourne déjà le facteur critique**, il interrompt d'une certaine façon sa manière de penser.

Nous lui proposons le meilleur ami de l'hypnotist, **l'imagination.**

C'est **une alliée** extrêmement puissante. L'imagination dépasse automatiquement notre critique.

Si je vous demande d'imaginer que vous êtes capable à la fin de ce livre d'hypnotiser n'importe qui d'un claquement de doigts, l'image que vous vous faites est pleine d'éléments que votre **facteur critique**, d'ordinaire, refuserait immédiatement.

Cependant dans le monde des 'rêves' nous avons tous les droits, donc nous n'avons plus de critique possible à ce monde.

Nous sommes alors **en contact avec notre subconscient.**

Vous comprenez bien que si dans vos tests, **le subconscient, qui va s'exprimer** par l'acceptation du pouvoir de l'imagination, permet de faire des actions idéo-motrices, non décidées par le conscient mais par le HUrbainer comme guide, votre partenaire est dans une transe.

Rappelons ce qu'est une transe dans le concept de HnO. C'est un état auquel nous parvenons **en contournant le facteur critique.**

Elle se définit principalement par **l'hypersensibilité aux suggestions** proposées par l'émetteur.

Cet émetteur peut être l'hypnotist ou bien son propre conscient, voire un audio. Si les suggestions deviennent des réalités pendant le test, c'est que votre partenaire **est déjà dans une transe.**

Vous lui avez donc induit par le prétest. Il n'y a donc plus besoin de l'induction à proprement parler. Cependant cet outil permet aussi un **excellent approfondissement**.

J'ai constaté que lorsque des amis néophytes regardent les

vidéos où je fais constater la transe à mon découvreur, ils me font **la remarque que c'est faux.**

Comme le partenaire reste les yeux ouverts et commente son propre état, ils considèrent que c'est une simulation.

L'induction en 'Instant' a cet avantage de voir une personne devant nous **fermer les yeux** et même parfois complètement **perdre l'équilibre** quand nous proposons le 'dors'.

C'est vraiment spectaculaire. D'ailleurs les Hypnotists de scène sont particulièrement bons avec cet outil.

Mon professeur d'instants fait de la scène. Là encore, je pense sincèrement que **les thérapeutes devraient s'ouvrir** à ces méthodes d'induction.

Trop souvent ils passent vingt minutes à faire entrer le partenaire en transe.

Ce n'est pas traumatisant pour un client de partir dans son hypnose en quelques secondes ou en deux ou trois minutes.

L'Hypnose Urbaine vu par les Hypnothérapeutes

Je fais de nombreux parallèles avec l'hypnose thérapeutique dans cet ouvrage, parce que pour ce monde, l'**Hypnose Urbaine est assez mal vue.**

J'ai vu et discuté avec de nombreux collègues qui **ne comprennent pas cette démarche** et passent leur temps à critiquer cette discipline.

Il n'y a pas la même finalité entre les deux démarches, je n'ai jamais vu un HUrbainer se revendiquer thérapeute, sauf s'il l'est vraiment.

Il ne part pas dans la rue pour soigner les gens, son but est seulement de **divertir, voire de relaxer.**

J'entends que des vidéos de certains pratiquants, qui circulent sur la toile, **portent préjudice à la profession.**

J'ai la chance de connaître un grand nombre de pratiquants de Street Hypnose, je sais que pour la grande majorité **ils ont un sens de l'éthique** et n'hésitent pas à envoyer les découvreurs vers des spécialistes le cas échéant.

J'ai la même réflexion que dans les sports de combat.

Certains thérapeutes ne souhaitent pas que l'Hypnose Urbaine se développe parce qu'il pourrait y avoir des dérapages.

C'est vrai, c'est possible. Comme lorsque j'enseigne de la boxe ou de la lutte à un adolescent ou à un jeune adulte.

Qu'est-ce qui me dit qu'il ne va pas aller racketter le premier venu, ou chercher querelle à des badauds. Personne c'est vrai.

Mais est-ce que parce que certaines personnes vont utiliser des techniques de combat de manière idiotes, que tous les autres doivent être mis dans le même sac ?

Combien de gamins des quartiers ai-je eu la chance de voir grandir, évoluer, avancer, construire une situation et une discipline grâce aux sports de combat ?

Combien ont arrêté la violence gratuite et ont travaillé leur ego pour devenir des Hommes ?

Dans l'Hypnose Urbaine, nous sommes dans le même cas de figure, certainement que nous verrons des personnes faire n'importe quoi et ne pas être respectueux de leur partenaire. HnO et la grande majorité des hypnotists sont **contre cette manière de faire.**

La liberté d'être est propre à chacun. Et pour côtoyer le monde du bien être et du développement personnel depuis plus de 15 ans, je constate que certains thérapeutes sont plus dangereux que quelques débutants en Hypnose.

C'est aussi à nous, les praticiens en Hypnose et autres, de construire des ponts.

Si vous estimez que la pratique de certains est douteuse, **n'hésitez pas à descendre dans la rue**, avec eux.

En général, dans la logique urbaine, tout le monde est le bienvenu, nous invitons des professionnels, des néophytes, des curieux.

L'ambiance est **toujours agréable** et si l'esprit est plein de partage il ne peut y avoir que de beaux moments.

Les Niveaux de Profondeur de Transe

Nous savons que nous proposons un moment de détente, de découverte et de plaisir.

Nous devenons les opérateurs d'**un instant unique** dans la vie des gens.

En effet, il n'est pas courant de pouvoir tenter l'expérience d'un seul coup sans n'avoir fait aucune démarche.

C'est un aspect que j'aime particulièrement en style urbain. C'est totalement inopiné. Un peu comme quand on croise un magicien qui fait du close-up dans la rue, c'est un **moment unique**.

Tout le monde part en transe, à une échelle différente. Nous sommes tous capables de descendre **l'échelle des profondeurs.**

Seulement, ce n'est pas le cas tous les jours, c'est variable en fonction des contextes et des situations.

Je me souviens de ma professeur Lee Pascoe, qui en revenant d'un séminaire qu'elle avait suivi aux USA à la National Guild Of Hypnotists, m'a fait sourire sur une de ses réflexions. Lee est une grande pratiquante de la méthode Silva, qui est une forme de travail en Auto Hypnose.

Elle a donc l'habitude de partir en transe. Cependant, elle m'a expliqué qu'**elle ne pensait jamais atteindre un coma** hypnotique, parce qu'elle était trop dans 'contrôle'.

Durant son stage, un de ses professeurs lui a proposé de tenter le coma hypnotique. C'est un professeur reconnu qu'elle respecte beaucoup. Elle m'a dit être surprise d'avoir filé tout droit en coma (Niveau 6), alors qu'elle n'était jamais descendue au delà d'un niveau 3-4 de l'échelle NGH.

Pendant des années elle était persuadée qu'elle ne pourrait jamais vivre cette expérience et pourtant, grâce à une **confiance importante**, à un moment où **elle était prête**, avec un **accompagnant de qualité**, elle est parvenue à une nouvelle découverte.

Nous pouvons donc tous aller dans des transes variées, d'ailleurs nous le vivons quotidiennement.

Chez HnO, nous avons pris le parti d'utiliser l'échelle de **profondeur de la NGH**.

Elle m'a paru plutôt intéressante et pour donner des informations aux découvreurs, elle reste très flexible.

Voici ces différents niveaux qui sont au nombre de 6.

1. Niveau Catalepsie Mineure
2. Niveau Catalepsie Majeure
3. Niveau Amnésique
4. Niveau Anesthésique
5 Niveau Hallucination Positive
6 Niveau Hallucination Négative.

A chaque niveau nous vivons des perceptions différentes. Il est intéressant de les unir avec ce que l'on nomme des **phénomènes hypnotiques.**

J'avoue que les phénomènes hypnotiques n'ont jamais été le but de ma recherche en Hypnose Urbaine. Je les ai toujours trouvés **bluffants et intéressants,** en revanche, j'ai mis un long moment pour en jouer.

Revenons à notre philosophie de l'Hypnose Urbaine. Nous sommes dans une démarche de **faire découvrir l'hypnose** au plus grand nombre.

Réussir à offrir une alternative à l'Hypnose que l'on découvre à la télévision, dans des spectacles ou dans des séries comme le Mentalist.

Quand j'ai eu le plaisir de sortir avec le groupe, je souhaitais vraiment que nous offrions **un bon moment**, quitte à ne faire que du Pretalk.

Je me souviens de la réflexion de Binbin (Robin), un super pratiquant du côté de Chartres, lors de son inscription sur notre chaîne Youtube.

Il était déçu de ne pas voir de phénomènes divers comme des amnésies ou autres freeze.

Je comprends complètement sa réaction, surtout que ses vidéos, qui sont toujours travaillées avec beaucoup de bienveillance, montraient de **belles démonstrations très drôles**.

Dans nos vidéos on voit une induction puis un **'Hypnorelaxing' avec un ancrage**. Rien de forcément très fun pour un observateur extérieur.

Puis après quelques mois, de nombreux pretalk et de différentes expériences, je me suis dit, suite à un stage NGH animé par Lee, que cela pourrait être agréable de jouer avec les profondeurs.

Mon idée est simple, aller vers les gens et non pas arriver avec un pretalk classique mais plutôt une offre de 'découverte':

- 'Souhaitez-vous savoir à quelle niveau de profondeur hypnotique vous êtes capable d'aller ?'.

Cette approche a la qualité bien connue en 'manipulation' (oh le vilain, il a utilisé le mot tabou des livres d'Hypnose) de la réciprocité.

Si je vous donne quelque chose, vous me devez autre chose. Cette démarche a eu un franc succès.

Bon ! Il est possible que ce soit le temps ensoleillé qui a ouvert mes amis Parisiens (tout le monde n'a pas la chance d'être dans la ville rose comme Jean Emmanuel, le fondateur du site www.street-hypnose.fr), ou **les magnifiques jeunes femmes** qui m'accompagnent, **Fastjim me servant d'appât** pour les demoiselles. Et oui HnO Hypnose Urbaine c'est toute une stratégie.

En tout cas, HnO a commencé à proposer des **phénomènes simples** avec des tests de profondeurs.

Quand je parle de mettre en place les tests de profondeur, c'est lorsque nous les validons dans la rue.

Les phénomènes nous les avions de nombreuses fois mis en pratique entre nous, et même en cabinet, notamment pour l'arrêt de l'alcool !!

Quand nous avons déjà **un lien social avec le découvreur**, l'interaction est biaisée, ce qui n'empêche pas que c'est un excellent moyen de proposer l'hypnose, néanmoins ce n'est plus une notion Street Hypnose.

Les phénomènes Hypnotiques

Notre façon d'approcher avec hnO vous a été proposée précédemment. N'oubliez pas qu'il n'y a pas besoin de faire des phénomènes Hypnotiques incroyables.

Je reste sur l'idée qu'une Hypnose Urbaine qui apporte juste de **la relaxation** et un ancrage positif est **la meilleure façon d'offrir une session.**

Je sais que de nombreux pratiquants ne seront pas d'accord, comme je vous l'ai dit au début de l'ouvrage, tout dépend du but avec lequel nous faisons de HU.

Notre méthode est donc basée sur **le test des niveaux de transes,** à chaque niveau nous pouvons y associer un phénomène pour confirmer le dit niveau.

Souvenez-vous :

Le Niveau 1 est une **catalepsie mineure.** C'est celui qui sera certainement le moins 'compris' et accepté par les découvreurs.

En effet la catalepsie mineure est le 'blocage' d'une petite partie musculaire du corps. La plus simple et la plus connue concerne les paupières.

Quand vous êtes les yeux dans le vague, vous ne cligniez plus des yeux. Vous êtes dès lors en niveau 1.

Pour tester ce niveau, je vous propose la première action de la Elman Induction.

– Respirez profondément et à l'expiration fermez vos yeux.

– Mettez toute votre attention à détendre les paupières.

– Jouons à un jeu simple, **imaginez** que vous avez 5 ans et faites comme si vous aviez cette âge : **L'imagination est un moyen de passer le facteur critique et en plus vous proposez une régression volontaire des attitudes. Les anglo-saxons nomment cette méthode 'To Pretend'**

– Maintenant imaginez que vous allez passer une colle magique sur vos paupières qui va relaxer vos yeux et qui collera complètement vos yeux. **Vous leur donnez de quoi développer leur imagination d'enfant de 5 ans qui joue le** jeu.

– Très bien, continuez à mettre de la colle magique jusqu'à ce que vous soyez complètement certain que vous ne pouvez plus ouvrir les yeux. Vous me direz que vous sentez qu'il y a en a assez : **Vous leur redonnez leur responsabilité d'entrer dans leur transe.**

– Testez-les pour voir à quel point les paupières sont collées.

Vous serez surpris par l'efficacité de cette méthode simple et vous pouvez en plus prendre un grand plaisir à jouer sur son attitude.

Si le découvreur ouvre ses yeux, vous savez qu'il ne veut pas jouer le jeu, n'hésitez pas à lui dire simplement '**as-tu mis assez de colle pour que tu ne puisses plus les ouvrir ? Là c'est toi qui le fait, je ne peux pas t'aider sur ça...**'

Dans la rue comme en cabinet, je vous conseille après ce 'test' et ce niveau 1 atteint, de faire ouvrir les yeux en l'accompagnant avec une phrase du type : '**Très bien, maintenant la colle disparaît et tu peux ouvrir les yeux.**'

J'insiste sur ce point pour éviter de mettre mal à l'aise le partenaire, qui peut avoir peur de ne plus pouvoir ouvrir les yeux.

Pour le Niveau 2, il est atteint dès que vous avez eu un **succès avec les prétests**.

Les bras tendus dans les airs, pendant parfois plusieurs minutes sans que la personne ne s'en plaigne, prouvent qu'il y a **une dissociation** du corps et de l'esprit et qu'il a 'bloqué' ses propres bras.

Vous pouvez même vous dire qu'un testeur qui aura eu l'impression d'être en échec, parce que les bras n'auraient pas bougés, à tort, parce que parfois vous lui avez fait faire les prétests pendant quelques minutes et il n'aura aucune perception du temps qu'il a passé pour faire cela.

Ce que j'aime dans la catalepsie d'un groupe musculaire c'est de faire ce que Raymi m'avait enseigné, prendre le bras après mon induction et simplement en regardant mon découvreur, **lui lever avec une onomatopée** comme 'Clac', en lui laissant le bras au dessus de sa tête comme s'il tenait un ballon.

C'est plus pour vous que pour votre partenaire, ça vous donne une **confirmation du niveau.** Après, je reprends une technique de Pradeep Aggarwal que j'avais vue il y a plusieurs années.

- C'est simplement de mettre le bras de votre découvreur tendu devant lui.

- Vous lui faites fermer le poing fort.

- Faites imaginer que son bras et son poing deviennent une barre de fer.

- Touchez-lui le bras en utilisant des superlatifs liés à la solidité de son bras, à sa rigidité.

- Au bout de quelques suggestions claires, vous lui suggérez qu'à partir de maintenant son bras n'est plus un bras mais simplement une barre de fer impliable.

- Puis proposez-lui **'d'essayer'** de plier cette barre de fer.
Vous verrez que de nombreux partenaires sont incapables de plier le bras, vous devez les relaxez sur le phénomène puis leur donner la suggestion que leur bras redevient complètement souple.

Il est important que nous soyons **toujours en attention vis-à-vis de notre partenaire.**

Je sais que nous prenons un vrai plaisir à faire découvrir ces phénomènes que la logique n'accepte pas.

Surtout s'il y a un groupe et que tout le monde autour a les yeux écarquillés, nous pouvons facilement nous laisser porter par l'exaltation.

C'est un des moments ou notre **'ego de reconnaissance'** s'éveille. Il se peut que nous ne prenions plus autant d'attention à ce que vit notre découvreur.

Nous passons dans **la partie spectacle et non découverte** de l'Hypnose.

J'ai vu des testeurs prendre peur au moment où leurs bras ne se pliaient pas, ou quand pour les mains magnétiques, ils n'arrivaient pas à retenir cette attraction. En ce cas, dès que **vous rencontrez le moindre trouble émotionnel arrêtez cette expérience**.

Vous devez l'interroger sur ses ressentis et savoir s'il veut continuer. **Ne continuez jamais** si vous sentez que cela trouble trop, ou met mal à l'aise.

Il nous arrive de **rencontrer des personnes extrêmement suggestionnables.** Et nous savons dès le départ que nous pourrions faire des phénomènes 'spectaculaires'.

Cependant ce sont souvent des personnes **très sensibles émotionnellement** et nous ne devons pas jouer à l'excès. Nous devons **prendre encore plus attention** à ce qui se passe et à **la manière dont elles le perçoivent.**

J'ai vu des découvreurs trembler, mais vraiment de peur, parce qu'ils ne contrôlaient plus. J'ai arrêté les phénomènes pour m'axer pendant quelques minutes sur de la détente, de la relaxation

Le Niveau 3 est celui que je trouve le plus variable dans la réussite en session urbaine.

En effet cette étape est basée sur **l'amnésie**. Autant en cabinet j'ai vraiment d'excellents résultats sur l'amnésie de **certains éléments dérangeants**, par contre dans la rue, je ne suis pas sur les mêmes taux de réussite.

Je pense que j'ai une croyance vis-à-vis de ce niveau.

Je ne trouve **pas cela très drôle** d'oublier son prénom ou un chiffre, nous touchons à des symboles de l'être.

Je vais plus facilement le faire dans du conversationnel pour du business inter-entreprise.
Pour cette amnésie ne vous sentez pas obligé de le faire.

Nous pouvons toujours passer à l'étape suivante, même s'il n'y a pas de validation. Voici un protocole que j'ai fait quelques fois :

- Dans un instant tu vas effacer un chiffre.

- Très bien tu vas effacer un chiffre entre 1 et 10, cela va se faire naturellement, d'ailleurs tu ne sais pas pourquoi mais automatiquement tu compteras 11 doigts sur les mains, un chiffre entre 1 et 10 a disparu.

Vous lui faites ouvrir les yeux et vous lui faites compter vos doigts. Vous allez être surpris de la manière dont le subconscient va réagir à votre suggestion d'amnésie.

Par exemple en doublant un chiffre ou en passant un doigt. Si vous voyez que la personne oublie facilement, vous pouvez lui faire changer son prénom, oublier comment parler, lui faire parler une autre langue, lui **faire parler** martien...

Vous pouvez garder en tête que parfois si **un niveau ne 'passe' pas avec vos tests**, il n'est pas impossible que le niveau de **profondeur suivant passe.**

C'est souvent le cas entre le 3 et le 4. J'ai souvent vu que la transe que vivait mon découvreur ne permettait pas l'amnésie, par contre l'anesthésie fut parfaite.

Le niveau 4 est également un phénomène que j'aime particulièrement. La raison est simple, tous les autres n'ont clairement **aucun intérêt dans le quotidien**, même si nous les vivons tout de même.

En revanche, **l'anesthésie** est une preuve de nos capacités sans limite à gérer nos maux.

Il nous est souvent arrivé de profiter de notre sortie pour **calmer une douleur.**

Notez qu'il ne faut **jamais retirer complètement** une douleur, sachant que cette dernière est utile pour prévenir et prendre conscience qu'il y a peut être quelque chose à traiter avec un médecin.

Nous ne sommes pas des apprentis sorciers, ni des apprentis guérisseurs.

Il est important pour que tout puisse avancer en symbiose que **nous restions dans le cadre de ce que nous proposons.**

Un Hypnotist thérapeute, de spectacle ou urbain, **n'a pas à travailler sur des pathologies et autres symptômes sans l'aval de la médecine.**

Nous ne remplaçons pas un médecin. Même en cabinet, nous demandons toujours à nos patients de se rapprocher de leur médecin traitant sur de nombreux cas.

Le niveau de **l'anesthésie est très intéressant.** Je reprends ce qui aura déjà fonctionné dans les niveaux précédents et souvent **la barre de fer** reste un excellent point de départ :
– Faites d'abord un test de son niveau de sensibilité sur le dos de la main.

– Notez le niveau de douleur sur une échelle de 1–10.

- Reprenez la suggestion de la barre de fer, rigide et solide.

- Maintenant liées les sensations du bras à celles d'une barre de fer, et petit à petit la barre de fer est complètement indolore et forte.

- Faites le test.

- Vous pouvez en cas de succès augmenter la surface d'anesthésie avec l'accord de votre partenaire.

L'anesthésie est vraiment **un excellent moment** et nous pouvons donner une excellente image de notre discipline.

J'ai vu Xteen calmer une jeune fille qui avait très mal au ventre.

Cette dernière prenait plaisir à son Hypnose et au moment de tester le niveau 4 elle a souligné qu'elle avait très mal depuis quelques heures.

En quelques minutes la douleur n'était presque plus présente.

La dernière étape est de passer sur les Hallucinations, les niveaux 5 et 6.

Il existe **deux types d'hallucinations**, les positives et les négatives.

Avec Fastjim qui aime bien travailler dans cette dynamique, nous nous sommes aperçus que les Hallucinations n'étaient pas ce qui ressortait le plus dans **la qualité et le plaisir** de la session.

Il se peut que les découvreurs soient déjà **trop dans leur transe** pour en garder un bon souvenir.

Tout le monde ne vivra pas une hallucination. J'ai eu la chance d'en vivre. Et je me souviens de ce que Lee m'avait enseigné. 'Tu verras que le conscient fera tout ce qu'il faut pour répondre à la suggestion'.

Effectivement pour ne pas voir un stylo dans la main de Irn, j'ai tourné la tête au moment où je devais commencer à 'percevoir' le stylo.

Si une personne arrive à ces niveaux, vous pouvez faire apparaître un animal, moi j'aime faire découvrir les petits martiens.

Laissez votre imagination faire. Parfois votre découvreur pourra voir une chose qui n'existe pas, mais par contre vous n'arriverez pas à faire disparaître un élément.

Surtout s**'il y a un affect important** vis-à-vis de l'objet ou de la personne.

Cette phase de l'Hypnose Urbaine n'est pas celle que j'affectionne le plus.

Si vous souhaitez des idées, n'hésitez pas à regarder un spectacle d'Hypnose. Je trouve que c'est la démonstration pour l'entourage.

Évitez simplement de faire voir des choses qui peuvent **faire peur ou terroriser** votre partenaire. Il faut toujours être à son écoute.

Hypnorelaxing

Ce joli mot je l'avais déposé, je trouvais que ça pourrait nous éviter le rejet et la peur qui sont liés à l'Hypnose.

Je ne me souviens plus les raisons que m'a donné l'INPI, mais c'était globalement que **la relaxation est déjà sous entendue dans l'Hypnose** donc qu'il n'était pas nécessaire de créer ce nom.

Au bout du compte c'est vrai, c'est un concept de simple relaxation comme nous pourrions l'avoir en sophrologie ou en relaxologie.

Il nous arrive fréquemment lors de nos sorties avec HnO de **seulement faire de la relaxation.** Et c'est extraordinaire.

Vous imaginez la démarche, proposer en moins de 5 minutes **une oasis de détente** dans le stress de la vie Parisienne.

Je me souviens que nous sommes restés un certain temps avec cet unique objectif dans notre hypnose Urbaine.

D'ailleurs Xteen et Irn sont des vraies professionnelles de cet aspect de l'HU.

Vous pouvez le faire intervenir n'importe quand.

Après vos prétests, une induction, un niveau 1 ou 6, qu'importe **c'est juste le moment** dans lequel nous cherchons à approfondir pour retrouver un état de sérénité.

- Approfondissez la transe de votre partenaire avec un décompte de 10 à 1.

- Faites-lui **prendre plaisir**, en général je leur suggère une envie irrépressible de rire que ce soit extérieur ou intérieur.

- Puis une détente des muscles et de l'esprit en quelques secondes, toujours avec un plaisir qui monte de plus en plus.

J'aime ce travail sur le plaisir et la détente qui augmente à mesure où les secondes s'égrainent et que tout le corps et l'esprit le ressentent complètement.

Nous avons eu des merveilleux découvreurs, qui se relâchaient complètement, d'autres qui **riaient à gorge déployée**.

Nous avons vu des personnes nous dire qu'ils ne pensaient pas possible de **se relaxer aussi rapidement** et surtout en pleine rue.

A mes yeux **cette détente vaut toutes les hallucinations** qui peuvent exister.

C'est peut être le côté thérapeute qui reprend sa place et qui aime voir ce bien être offert simplement, comme un Hug (et oui je reviens sur le Hug Hypnosis, c'est un concept à creuser).

Vous êtes thérapeute, l'Hypnose Urbaine vous intéresse, mais vous avez l'impression que vous ne pouvez pas faire de phénomènes Hypnotiques ? **Et bien on s'en moque !**

Venez avec HnO, et si vous pouvez prendre plaisir à relâcher quelques tensions, je suis certain que vous en **tirerez une grande satisfaction.**

Le Cadeau

Nous y voilà, le moment qui prend tout son sens dans nos sorties en Hypnose Urbaine.

Le petit cadeau que nous faisons à nos découvreurs. Une fois que vous avez complètement détendu ou relâché votre découvreur, vous pouvez facilement **lui ancrer cet état**.

J'avoue que je pense que certaines personnes ne comprennent pas forcément ce que représente l'ancrage que nous leur proposons.

Nous leur demandons de **donner un nom** à cet état qu'ils vivent au moment de cette Hypnorelaxing, c'est le **mot magique** qui pourra être utilisé pour retourner instantanément dans cet état.

A cela nous ajoutons un geste physique qui permettra de toucher **plusieurs canaux**.

Le cadeau est vraiment extraordinaire, nous avons eu la chance de recroiser des personnes qui avaient vécu une Hypnose Urbaine et... **quels sourires.**

Ils nous ont expliqué que désormais **ils utilisaient le cadeau,** certains s'endormaient mieux, d'autres se concentraient mieux, d'autres géraient des douleurs chroniques.

Je pense que toute l'essence de l'Hypnose de rue se retrouve dans **ces instants d'échanges**.

Lâchez-vous sur le bonheur, **lâchez-vous sur le plaisir et son ancrage**.

Il n'y a pas de contre indication, il n'y a pas de limite. Notre monde a besoin de **belles choses et de personnes positives**, si nous pouvons proposer un sourire que nos découvreurs relaieront, **c'est magique**.

Les Rencontres

Dans le cadre de nos sorties hebdomadaires, nous avons eu la chance de **rencontrer de nombreuses personnes**, plusieurs centaines et nous avons pu passer de nombreuses heures à apprendre autant qu'ils découvraient.

J'en suis très heureux. Nous avons eu d'autres Hypnotists qui se sont joints à nous pour quelques heures. **Certains étaient des thérapeutes,** d'autres des personnes du spectacle, d'autres étaient formés par Monsieur Antony Jaquin.

L'Hypnose Urbaine permet de croiser des personnalités et des perceptions complètement différentes.

Il m'est arrivé de ne pas avoir été d'accord avec des manières de faire, que j'estimais irrespectueuses, qui **manquaient d'écologie**.

Je pense qu'au sein de l'association, nous avons une vision particulière de cette facette de l'Hypnose.

Le Post Hypnotique

Cette phase est importante. Nous avons **deux aspects à traiter** et qu'il ne faut pas mettre de côté.

Je sais que nous sommes dans **une dynamique de jeu,** de découverte, de plaisir. Nous sommes parfois dans une **euphorie excessive**.

Nous devons penser que nous sommes **des spécialistes de l'Hypnose Urbaine.**

Le Post Hypnotique en Thérapeutique permet de mettre en place une **réaction subconsciente** lorsqu'un stimulus le déclenche.

Pour faire simple, si nous sommes en séance pour arrêter des pulsions x ou y, le praticien pourra vous mettre une réaction de rejet, de rire, de légèreté, à l'arrivée de la pulsion.

Pensez également que le Post Hypnotique, regroupe **l'ensemble des mots et gestes** que vous allez mettre en place, alors que votre partenaire est sorti de sa séance.

Cette sortie n'est **pas une fin de transe.**

Il y a en général, une bonne **vingtaine de minutes** pendant lesquelles les découvreurs sont encore en état de suggestibilité.

Nous devons donc mettre en place différents éléments pour que nos partenaires de session puissent **continuer à vivre un bon moment.**

- **Rester avec le découvreur** et lui parler de façon positive sur sa session. Lui proposer des **suggestions ouvertes et agréables,** pour que le subconscient sature de belles choses.

Prenez bien attention de **ne pas commencer à taquiner,** ou dire des choses qui pourraient marquer son esprit.

Nous devons vraiment être dans **une phase de cocooning.**

Et ce, même si la session ne vous a pas été 'agréable'. C'est de notre devoir de laisser ce découvreur **en parfait état mental.**

- Nous devons prévenir le groupe avec qui notre partenaire est, de **faire attention** et surtout d'être **extrêmement gentil** avec pendant un certain laps de temps.

—

Certains thérapeutes font la remarque que c'est cela le plus dérangeant en Hypnose Urbaine.

A cela je leur réponds simplement que nous-mêmes quand nos patients partent du cabinet, **nous ne savons pas qui ils vont appeler, ce qu'ils vont faire...**

Nous sommes **des conseillers** sur les actions qui peuvent être mises en place.

Polémiques autour de l'Hypnose Urbaine

Sur des Forums ou lors de rencontres, il y a de nombreux praticiens d'Hypnose Thérapeutique qui critiquent et **mettent de plus en plus de pression** sur les pratiquants d'Hypnose de Rue.

Il y a même des demandes préconisant que les vidéos des HUrbainers devraient porter **une indication spécifique** précisant que cela n'est pas de l'Hypnose à portée curative.

J'ai aimé le retour de Raymi qui faisait la remarque que personne ne note sur les films de superman que les scènes n'ont **rien à voir avec la réalité**, et que c'est du divertissement.

Il y a de nombreux débats moraux sur l'utilisation de l'Hypnose par des néophytes. L'idée a été soulevée que l'Hypnose **peut être mal orientée et porter préjudice** aux découvreurs.

Je voudrais savoir dans ce cas, ce qu'il faut penser **des suggestions** que nous recevons en état de Transe **pendant les Films, les Jeux Vidéos, les Livres, les Journaux**, ne devraient-elles pas être régulées ?

Est-ce que **des parents qui éduquent leurs enfants** avec des valeurs différentes devraient arrêter d'éduquer sachant que leurs enfants sont en transe jusqu'à l'âge de 6 ans ?

On sait que l'Hypnose est **un état que l'on retrouve naturellement quotidiennement,** alors un coach de sport qui 'insulte' ses gars pour les motiver devrait-il arrêter de les entraîner ?

Les Thérapeutes devraient peut être davantage regarder ce que certains Hypnotists de scène proposent, et leur **demander la même chose** qu'aux Hurbainers.

Mais en l'occurrence le discours est différent et j'en entends même qu'**ils encensent certains cousins** de la scène pour leurs niveaux techniques.

Peut-être que **l'union des tendances** devrait se faire pour que chacun apprenne des autres.

Un jeune Hurbainer pourrait comprendre l'écologie, un Thérapeute comprendra un autre type de rapport, un Hypnotist de Scène pourrait **apprendre à descendre son ego** comme le pratiquant Urbain ... et nombres de Thérapeutes...

Conclusion

J'ai voulu que vous puissiez voir et découvrir **une facette** que je trouve importante dans le monde de l'Hypnose.

Je pense que l'Hypnose Urbaine va se développer dans les années à venir.

Je vais reprendre une réflexion de Robin 'HypnoBinbin' suite à une mauvaise expérience d'un néophyte :

' Je pense que ça a été une erreur que de le rendre trop public'.

Là, je vois mes amis thérapeutes qui prennent plaisir à lire cela.

Je ne pense pas qu'il y ait une erreur dans le fait de rendre l'hypnose publique.

Pas plus que de laisser des ouvrages de PNL à disposition de tout le monde.

Si je voulais porter préjudice à des gens je pourrais utiliser ces techniques pour faire du mal...

Pensez-vous qu'une personne qui veut faire du mal va prendre du temps à maîtriser une discipline comme l'Hypnose ?

Un moyen de pression physique ou même du harcèlement va vraiment plus vite.

Je pense qu'il y aura des erreurs, je pense que nous devons simplement avancer avec cette tendance et mettre en place des idées, des concepts communs.

L'Hypnose Urbaine est vraiment une tendance positive si nous prenons un engagement moral vis-à-vis des gens qui acceptent de jouer avec nous.

Si vous souhaitez tester... venez nous rejoindre dans la rue.

Remerciements

Je remercie dans un premier temps mon professeur d'inductions rapides et instantanées, Raymi Phénix.

Je remercie mon Groupe Hype-N-Ose qui m'a suivi dès le départ dans ma volonté de faire découvrir cette discipline que j'aime dans la rue.

Merci à Irène qui a osé m'accompagner et m'a donné l'occasion de voir une façon de faire extraordinaire.

Merci à Django qui est le premier membre de HnO, et qui même dans ses nouveaux objectifs continue à nous suivre.

Merci à Xteen pour les corrections et pour sa manière experte de faire de l'Hypnorelaxing, même en Italien.

Merci à FastJim dans sa recherche incessante d'optimiser l'Hypnose Urbaine.

Merci à Ody qui apprend et invente sans cesse dans sa manière de faire.

Merci à Binbin qui est toujours dans l'amélioration de son travail, dans une ouverture et un sourire.

Merci à Jean-Emmanuel qui développe au travers de son ebook et de son site le Street hypnose.

Merci à tous, vous qui nous suivez.

Hype-N-Ose

Hype-N-Ose (HnO) est une association de pratiquants et de praticiens en Hypnose et Thérapies Brèves.

Notre but est de rechercher, développer, pratiquer et diffuser sur ces sujets.

Pour ce faire, nous utilisons plusieurs leviers : des formations, des cabinets ouverts, de l'Hypnose Urbaine, des livres, des audios...

Nous organisons des formations en Hypnose Classique Curative ainsi que des ateliers en thérapies brèves.

L'Hypnose Classique Curative est une discipline de synthèse et intégrative. L'hypnose est un vaste monde avec des écoles, des styles et des tendances.

Plus qu'un style, nous souhaitons intégrer, sur les bases communes de l'hypnose, une ouverture globale.

Nous organisons des cabinets ouverts, dans le but de faire découvrir l'aspect curatif au plus grand nombre.

Toutes les semaines nous organisons des sorties Hypnose Urbaine. Nous y invitons des praticiens mais aussi des amateurs.

Le but étant de faire connaître, dans un autre contexte que le soin, ce qu'est l'Hypnose.

Cette expérience humaine est extraordinaire. Nous pouvons dissiper les à-priori et faire vivre des expériences agréables aux passants.

Vous pouvez trouver plus d'informations sur ce que nous mettons en place sur : www.hype-n-ose.com

Nous avons mis en place un site de Mp3 d'Hypnose pour faire vivre des micros séances. Vous trouverez des informations sur :
www.hno-mp3-hypnose.com

Si vous souhaitez nous rencontrer, échanger, partager, n'hésitez pas à nous contacter :

Mail : hype.ose@gmail.com
YouTube : Hype-N-Ose
Facebook/ Twitter: Hype N Ose

Lexique

AVERTISSEMENT : Ce lexique est propre à l'auteur et à HnO.

Les définitions étant tellement différentes entre les écoles et les Praticiens, que nous vous donnons le sens dans lequel les mots sont utilisés dans le présent ouvrage.

Hypnose : Discipline et état qui se définit comme un contournement du Facteur Critique.

Hypnotist : Praticien en Hypnose.

Transe : Etat produit lorsque vous êtes en connexion Conscient/ Subconscient.

Conscient : Esprit Rationnel et Analytique, mémoire à court terme, Volonté.

Subconscient : Emotions, mémoire à long terme, Habitudes, protection.

Inconscient : Fonctions Immunitaires et Fonctions Vitales du corps.

By Pass : Contournement du Facteur Critique.

Pont : Représente un By Pass.

Facteur Critique : Sas d'informations qui intègre ou rejette les données au niveau du Subconscient.

Ancrage : Assimilation d'un stimulus à une réponse, par exemple, la Madeleine de Proust ou le Chien de Pavlov.

Ancrer : Construire une réponse subconsciente enclenchée par un mot, un geste, une image.

VAKOG : Nos canaux de communication se basent sur nos sens. Nous pouvons être Visuel/ Auditif/ Kinesthésique/ Olfactif/ Gustatif.

Emerge : Faire sortir son partenaire dans sa transe.

Régression à la cause : Entraîner le subconscient de son partenaire vers les origines de ses maux.

Seeding : Technique de répétition dont le but est de ne plus être analysé par le facteur critique, permettant ainsi à l'information de 'pousser' comme une graine plantée.

Signaling : Mouvement Idéo Moteur qui nous permet d'avoir un geste réflexe correspondant à une réponse basique comme oui ou non.

HUrbainer : Pratiquant d'Hypnose Urbaine.

Découvreur : Partenaire qui accepte de faire une session d'Hypnose Urbaine.

Ormond Mc Gill : L'un des plus grand Hypnotist de Scène des Etats Unis, il a été considéré comme le doyen de l'Hypnose. Il montait sur scène à 70 ans.

Liste de Praticiens Hype–N–Ose

Nom : Cecile Noll
Ville : Férolles Attilly (77)
Contact : 06-09-79-62-28

Nom : Kerstine Koppers (Certifiée HnO)
Ville : Montigny le Bretonneux (78)
Contact : 06-62-83-32-83

Nom : Django Gassama
Ville : Lognes (77)
Site Web : http://coach-in-mental.jimdo.com
Contact : 06-89-10-92-46

Nom : Jimmy Huvet
Ville : Paris (75)
Site Web : http://hypnotherapie-coaching.vpweb.fr
Contact : 06-03-34-82-68

Nom: Irène Cazanave (Certifiée HnO)
Ville : Paris (75)
Site Web : www.lemondetvous.net
Contact : 06-34-20-21-56

Nom : Christophe Pank (Certifié HnO)

Ville : Le Chesnay (78)

Site Web : www.delta-bien-etre.com

Contact : 06-62-30-45-17

Nom : Elodie Cassar (Certifiée HnO)

Ville : Senlis (60)

Site Web : http://ose-vous.e-monsite.com

Contact : 06-522-502-95

Nom : Js Op De Beeck (Certifié HnO)

Ville : Bruxelles, Belgique

Site Web : www.tb-hc.org

Contact : js.opdebeeck@gmail.com

Nom : Caroline Lavenant

Ville : Montpellier (34)

Site Web : http://solution-hypnose.com

Contact : lavenantcaroline@gmail.com

Nom : Pierre Yves Hamel (Certifié HnO)

Ville : Jouars Ponchartrain (78)

Contact : pyroeclips@hotmail.com

Les Instituts de Formations en France

Hypnovision et Hypnose Avancée NGH :
Mme Lee Pascoe
Enseignement : Méthode Silva/ Hypnose et beaucoup de méthodes complémentaires

Téléphone : 02-32-34-45-42
Mail : lee@hypnovision.net
Site Internet : http://www.hypnovision.net/

Hype-N-Ose :
Enseignement : Hypnose Classique Curative/ PNL/ Street Hypnosis

Téléphone : 06-62-30-45-17
Mail : hype.ose@gmail.com
Site Internet : http://www.hype-n-ose.com

IFHE :
Enseignement : Hypnose Ericksonienne/ Hypnose Humaniste

Téléphone : 01-43-06-00-00
Mail:contact@ifhe.net
Site Internet : www.hypnose-ericksonienne.com

ARCHE :

Enseignement : Hypnose Ericksonienne/ PNL/ EFT

Téléphone : 01-53-16-32-75

Mail: info@arche-hypnose.com

Site Internet : www.arche-hypnose.com

Phenix Institut :

Enseignement : Hypnose/ PNL

Téléphone : 04-93-69-97-10

Site Internet : www.phenixinstitut.com

Ecole Centrale d'Hypnose :

Enseignement : Hypnose Ericksonienne

Téléphone : 01-40-33-01-14

Site Internet : www.ecole-centrale-hypnose.fr

HypnoContact :

Enseignement : Hypnose/ PNL/ Auto-Hypnose

Téléphone : 06-12-57-33-91

Site Internet : www.hypnocontact.com

www.ingramcontent.com/pod-product-compliance
Lightning Source LLC
Chambersburg PA
CBHW070203290526
45789CB00002B/891